Konrad Straub
Kriminalfälle der Bibel

Konrad Straub

Kriminalfälle der Bibel

Der Mord an König Eglon und 5 weitere Szenen

Aussaat Verlag Wuppertal

ABCteam

Bücher, die dieses Zeichen tragen, wollen die Botschaft von Jesus Christus in unserer Zeit glaubhaft bezeugen.

Das ABCteam-Programm umfaßt:

- ABCteam-Taschenbücher
- ABCteam-Paperbacks mit den Sonderreihen Glauben und Denken (G + D) und Werkbücher (W)
- ABCteam-Jugendbücher (J)
- ABCteam-Geschenkbücher

ABCteam-Bücher erscheinen in folgenden Verlagen:
Aussaat Verlag Wuppertal / R. Brockhaus Verlag Wuppertal
Brunnen Verlag Gießen / Bundes Verlag Witten
Christliches Verlagshaus Stuttgart / Oncken Verlag Wuppertal
Schriftenmissions-Verlag Gladbeck

ABCteam-Bücher kann jede Buchhandlung besorgen.

Umschlag: Harald Wever, Wuppertal
Druck: Aussaat Druckerei
ISBN 3 7615 2845 0

Inhalt

Anmerkung

Die Bibel ist eine erregende Lektüre. Heiliges und Heiteres, Mutiges und Blutiges wechseln sich ab. Menschen und Unmenschen treten auf und begegnen einander in guter und verhängnisvoller Weise, wie anderswo in der Welt auch.

Aber die meisten Bibelleser haben es verlernt, diese Geschichten mit Spannung und Herzklopfen, mit Freude und Betroffenheit zu lesen.

Wir können mit diesen wenigen Kriminalfällen nur einen kleinen Teil von der Fülle dessen zeigen, was die Heilige Schrift alles an Menschlichem und Allzumenschlichem, ja nicht selten sogar an Unmenschlichem in ihrem Repertoire kennt.

Allerdings kommen diese Teile der Heiligen Schrift mit ihren Aussagen kaum einmal in einer Predigt zu Wort. Selten einmal finden ihre Gestalten Eingang in unsere Vorstellungswelt und in unseren Alltag.

Die *sechs Kriminalfälle* der Heiligen Schrift wollen ein kleiner Schritt in dieser Richtung sein. Die einzelnen Begebenheiten lassen sich zwar nicht alle gleich gut auf einer Bühne darstellen, sie können aber, was unter Umständen sehr reizvoll ist mit Tonaufnahmen oder mit der Darstellung kombiniert werden. Auf diese Weise kann die Heilige Schrift bei einfachster Anwendung auch an Zuhörer herangetragen werden, die der Bibel noch fernstehen.

Eingebaut in einen bunten Gemeindeabend, in eine Jugendveranstaltung mit Quiz und Pfiff, hat die Bibel dann, ohne ein Fremdkörper zu sein, plötzlich allgemeines Interesse gefunden.

1. Das seltsame Ende eines Landherrn

Personen	Inspektor Ben Jachim Johanan Gedalja Ismael 1. Vertrauter 2. Vertrauter 3. Vertrauter 4. Vertrauter Soldaten

Johanan, ein Freund Gedaljas, und der Inspektor sind beim folgenden Telefongespräch gleichzeitig zu sehen.

Inspektor Inspektor Ben Jachim?

Johanan Sie müssen nach Mizpa reisen, Inspektor! So schnell Sie können! Exzellenz Gedalja ist in Lebensgefahr!

Inspektor Was soll ich dort tun?

Johanan Exzellenz warnen, Inspektor! Ein Konferenzgast namens Ismael hat seinen Tod geplant, um die Judäer den Ammonitern unterwerfen zu können!

Inspektor Und mit wem habe ich gesprochen?

Johanan Mit Johanan, Inspektor! Einem Freund Gedaljas!

Der Inspektor wird vom 1. Vertrauten Gedaljas durch eine Eingangshalle geführt. Vor einer großen Durchgangstüre zu einem festlich geschmückten Speisesaal bleiben sie stehen. Unter den Gästen im Speisesaal scheint eine prächtige Stimmung zu herrschen. Gedaljas Vertraute bangen allerdings ein wenig um die Stimmung des Festes und verwehren dem Inspektor den Zutritt zum Speisesaal.

Inspektor Da wären wir . . .!

2. Vertrauter Exzellenz Gedalja bitte seine Freunde um Nachsicht. Er konferiert noch mit seinen Gästen beim Nachspeisen.

Inspektor Oberst Johanan bittet dagegen um äußerste Scharfsicht! Richten Sie ihm das schnell und unauffällig aus!

2. Vertrauter Tut uns leid, Inspektor. Ist nicht in seinem Sinn! Exzellenz hat Sie bereits von Ihrem Geheimauftrag entbunden!

Inspektor Nicht aber Johanan, der mich zu ihm rief! Exzellenz Gedaljas persönlicher Freund!

2. Vertrauter Gewiß! Nur scheint er einem üblen Gerücht anheim gefallen zu sein.

Inspektor Hat Exzellenz wenigstens seine engsten Vertrauten über das Gerücht in Kenntnis gesetzt?

2. Vertrauter Exzellenz hat uns offenherzig über die Sorgen seines Freundes Johanan informiert. Schreckliche Mordwarnungen, Inspektor! Aber völlig unbegründet! Von Johanan hätten Sie diesen Auftrag nicht annehmen sollen.

Inspektor Wird sich herausstellen!

Die Dienerschaft ist mit dem Auftragen der Nachspeisen beschäftigt. Der Inspektor beobachtet durch den Eingang die Gäste im Speisesaal.

3. Vertrauter (etwas angeheitert) Möchten Sie vielleicht was trinken, Inspektor? Der Wein in Mizpa ist noch nicht vergiftet!

Inspektor Aber die Herzen der Gäste!

3. Vertrauter Oh! Wir haben die Worte unserer Gäste genaustens kontrolliert!

Inspektor Die Worte ja! Nicht ihre Absichten! Ich weiß nicht, was Gedalja für eine politische Bildung genießt, von der menschlichen Bosheit jedenfalls scheint er mir wenig Ahnung zu haben. Hier will man mit anderen Waffen den Gegner aus dem Rennen schlagen, als mit bösen Worten und giftigem Wein. Los! Melden Sie mich jetzt!

2. Vertrauter Unmöglich! Exzellenz Gedalja prostet eben mit seinen Gästen auf den neuen politischen Kurs.

3. Vertrauter Die Konferenzler verabschieden ihre Resolutionen diesmal beim Schunkeln, Inspektor ...

Inspektor Gedalja ist in Lebensgefahr ...!

2. Vertrauter Sagt Johanan, sein Freund, wie man weiß, und sendet den Inspektor nach Mizpa!

Inspektor Die Mörder sitzen mit ihren Schwertern bereit, und Gedalja schunkelt noch immer zu den judäischen Heimatklängen!

3. Vertrauter Exzellenz vertraut auf das Gute im Menschen!

Inspektor Und übersieht die Realitäten! Gehen Sie! Sonst muß ich selbst Gedalja rufen!

2. Vertrauter Die Speisehalle ist bewacht, Inspektor. Nur geladene Konferenzgäste haben die Ehre.

Inspektor Darum müssen Sie ihn rufen! Und zwar sofort!
2. Vertrauter Auf ihre Verantwortung, Inspektor!

Musik und Gesänge sind leiser geworden. Die Konferenzgäste scheinen leicht angetrunken zu sein.
Der 2. Vertraute Gedaljas betritt unauffällig die Speisehalle, um Exzellenz Gedalja die Nachricht zu überbringen.
Der Inspektor hält sich noch immer vor dem Eingang auf, um die Konferenzgäste im Auge zu behalten.
Der 3. Vertraute Gedaljas kommt auf den Inspektor zu und deutet auf Ismael, der sich eben für eine kurze Rede von der Tafel erhoben hat.

Ismael Konferenzler ...!
Freunde ...!
Hochverehrter Gedalja!
3. Vertrauter (leise) Das ist Ismael, Inspektor! Exzellenz Gedaljas neuer Freund. Zwar ein heimlicher Günstling des Ammoniterkönigs Baalis, wie Sie vielleicht wissen. Dafür aber der unkomplizierteste Charakter unter den Konferenzgästen.

Ismael Durch unser gemeinsames Handeln hier in Mizpa ... in der alt-ehrwürdigen Provinz Judäa, ... werden meine zehn Männer, das wird man bald laut durch Judäas Straßen verkünden, ... heute noch in die ammonitische Geschichte eingehen ...!

Die Konferenzgäste applaudieren. Gedalja erhebt sich nun ebenfalls von der Tafel und ruft lachend dazwischen:

Gedalja Und wenn du den Gästen, mein lieber Ismael, auch noch erklären würdest, was du mit diesem Satz meinst ...!

Gelächter.

Zwischenruf Er fragt, was er damit meint ...!
Ismael Die Säuberung in Judäa, hochverehrter Gedalja!

Gelächter. Ismael erhebt sein Glas.

Ismael Prost Freunde ...!

Der 2. Vertraute Gedaljas hat sich mittlerweile durch die Reihen der Konferenzgäste begeben und ist bei Exzellenz Gedalja angekommen.

2. Vertrauter (leise) Ein Inspektor Ben Jachim möchte Sie sprechen.

Gedalja Aber doch nicht jetzt! Ich bitte Sie ...! Später! Sehen Sie denn nicht, wie bedeutungsvoll dieses Freundschaftsessen für die Zukunft unseres Landes ist ...?

2. Vertrauter Der Inspektor besteht darauf! Er handle im Auftrag Johanans, sagt er.

Gedalja Später sag' ich! Los, richten Sie dem Inspektor das aus!

2. Vertrauter Er hält es für äußerst dringend, Exzellenz!

Gedalja Dieser Johanan bringt noch die ganze Konferenz durcheinander ...! Zum letzten Mal: Es geht nicht! Ich muß hier konferieren! Das wird doch der Inspektor einsehen!

2. Vertrauter Haben wir auch gedacht, Exzellenz. Aber der Inspektor ist beharrlich! Er hält an Johanans Mordgerüchten hartnäckig fest.

Gedalja So vertrösten Sie ihn auf nachher meinetwegen! Erzählen Sie ihm inzwischen, wie prächtig bis dahin alles verlaufen ist. Und bitten Sie die Wache, dafür zu sorgen, daß der Inspektor nicht am Ende noch in die Speisehalle platzt!

2. Vertrauter Sehr wohl, Exzellenz.

Der 2. Vertraute Gedaljas begibt sich wieder in die Eingangshalle. Ismael und Gedalja setzen ihren Dialog fort.

Ismael Und was, meine lieben Konferenzler, unseren hochverehrten Gedalja anbetrifft ... Ich hoffe, er sieht in uns nicht die undankbaren Gäste ...

Gedalja Undankbare Gäste ...! Aber mein lieber Ismael!

Ismael ... sondern kühle Politiker, die im Namen des Volkes auch ihren unangenehmsten Pflichten ...

Gedalja Im Namen des Volkes ...?

Ismael ... auch ihren unangenehmsten Pflichten nachkommen müssen!

Gedalja Ich verstehe offengestanden, mein lieber Ismael, noch immer nicht, wovon du redest ...?!

Ismael Von einem Staatsstreich, hochverehrter Gedalja ...!!

Gelächter. Auch Gedalja stimmt mit ein.

Gedalja Staatsstreich sagt er ...! Staatsstreich ...! Nach unseren erfolgreichen Verträgen ...!

Ismael Prost Freunde ...!

Mitten in die festliche Hochstimmung hinein ruft die Stimme des Inspektors aus der Eingangshalle.

Inspektor Gedalja ...! Hier spricht Inspektor Ben Jachim! Eilen Sie zur Tür ...!

Stille. Gedalja winkt einen seiner Vertrauten zu sich.

Gedalja Wer rief da draußen? Der Inspektor?
4. Vertrauter Ein Inspektor Ben Jachim, Exzellenz! Wir können nichts machen!
Gedalja Wie kommt er dazu, in die Speisehalle zu rufen?
4. Vertrauter Sie baten, ihn nicht hineinzulassen, Exzellenz!
Gedalja Das ist ja nicht zu fassen!
Stimme des Inspektors Gedalja ...! Retten Sie Ihr Leben ...!!

Stille. Gedalja wendet sich wieder zu den Gästen.

Gedalja Entschuldigen Sie, meine Freunde. Dieser Zwischenfall ist mir aufrichtig peinlich!
Ismael Nichts zu entschuldigen. Könnte überall passieren!
Gedalja Das war nicht vorgesehen!
Ismael Vorgesehen oder nicht, hochverehrter Gedalja, meine zehn Männer würden dich doch notfalls auch zur Tür begleiten.
Gedalja Nicht nötig, mein lieber ...
Ismael Ich bitte dich! Das wäre ja noch schöner!
Gedalja Siehst du einen Grund, warum mich deine zehn Männer zur Tür begleiten sollten ...?
Ismael Sie tragen Schwerter bei sich, hochverehrter Gedalja!

Gedalja	Ich kenne die Judäer inzwischen. In Mizpa braucht man keine Schwerter!
Ismael	Du schließt von den Judäern auf uns!
Gedalja	O ja! Und ich bin gut dabei gefahren, mein lieber Ismael! Die beste Waffe gegen Mord- und Putschgerüchte ist noch immer totale Offenheit und Vertrauen!
Ismael	Vertrauen ist ja gut, Gedalja, aber nicht gegen die Vernunft!
Gedalja	Tue ich aber!
Ismael	Schrecklich! Und da müssen wir Konferenzler zu den Schwertern greifen!

Gedalja wird sichtlich unruhiger. Ismael erhebt sein Glas.

Ismael	Prost Freunde ...!
Stimme des Inspektors	Gedalja ...! Eilen Sie zur Tür ...!

Stille.

Ismael	Du blicktest zum Ausgang hinüber, Gedalja.
Gedalja	Mein lieber Ismael ...
Ismael	Willst du nicht doch den Inspektor sprechen ...?
Gedalja	Wozu?
Ismael	Meine zehn Männer begleiten dich!
Gedalja	Wohin?
Ismael	Zum Ausgang!
Gedalja	Wozu begleiten ...?
Ismael	Erklärte ich doch vorhin! Hast du noch immer nicht begriffen ...?
Gedalja	Kein Wort!
Ismael	Aber mein hochverehrter Gedalja ...!
Gedalja	Ehrenwort!
Ismael	Denk' noch einmal nach, hochverehrter Gedalja ...!

Ismael erhebt sein Glas.

Ismael	Prost Freunde ...!
Stimme des Inspektors	Gedalja ...! Retten Sie ihr Leben ...! Eilen Sie zur Tür ...!!

Stille. Gedalja begibt sich wie zufällig etwas in die Nähe des Ausgangs und setzt sich.

Ismael Na siehst du ...!

Gedalja Was?

Ismael Hast dich drei Stühle näher zum Ausgang gesetzt!

Gedalja Zufall ...

Ismael Angst ...!

Gedalja Aber mein lieber Ismael! Ich habe mit euch Konferenzlern gegessen und dem Inspektor ausdrücklich den Zugang in den Speisesaal verweigert! Wovor sollte ich denn Angst haben ...!

Gedalja bemüht sich zu lachen.

Ismael So ist's recht, Gedalja! Jetzt lachst du wieder!

Gedalja Immer!

Ismael Lachen schützt vor Mißtrauen und Angst!

Gedalja Mißtrauen und Angst ...! Mein lieber Ismael! Wer hat denn das nötig ...? Haben wir nicht in aller Freundschaft Verträge abgeschlossen ...?

Ismael Nachher gibt's neue, Gedalja ...!

Ismael erhebt sein Glas.

Ismael Prost, Freunde ...!

Noch einmal versucht Gedalja, in die Nähe des Ausgangs zu kommen. Doch Ismaels Männer erheben sich plötzlich von ihren Plätzen.

Stimme des Inspektors Gedalja ...! Zur Tür ...!

Ismael Tut mir leid! Du mußt hier stehenbleiben, Gedalja! Sonst bin ich gezwungen, als erster zu schlagen!

Ismael zieht sein Schwert und richtet es auf Gedalja.

Gedalja Steck dein Schwert ein, Ismael! Späße haben ihre Grenzen!

Ismael Wer spaßt denn hier, Gedalja? Du oder wir ...?

Stille. Gedalja versucht zu lachen.

Gedalja	Dann schlag zu, mein lieber Ismael, wenn du nicht spaßen willst . . .!
Ismael	Gedalja hat recht, meine Herren! Was sollt ihr euch drücken und mir die Dreckarbeit lassen? Heraus mit euren Schwertern . . .!

Ismaels Männer ziehen ihre Schwerter und richten sie auf Gedalja.

Gedalja	Schluß, meine Herren . . .! Schluß damit! Das geht endgültig zu weit! Die Wache draußen könnte Sie mißverstehen und am Ende noch den Inspektor hereinlassen!
Ismael	Dafür ist es zu spät, Gedalja! Unsere Schwerter sind schneller!
Gedalja	(verzweifelt) Mein lieber Ismael . . .! Du . . . du hast etwas vor . . .?!
Ismael	Darauf kannst du dich verlassen!
Gedalja	Dann laß diesen makaberen Scherz und sag uns, was du willst . . .!
Ismael	Die Machtübernahme . . .!
Gedalja	Mein lieber . . .?

Ismaels Männer kommen langsam auf Gedalja zu und umringen ihn.

Stimme des Inspektors	Gedalja . . .! Retten Sie Ihr Leben . . .!!
Ismael	Meine Herren! Schlagt zu . . .!
Gedalja	(ruft verzweifelt) Inspektor . . .! Insp . . .

Gedalja bricht in ihrer Mitte tot zusammen.
Die Dienerschaft scheint nicht begriffen zu haben, was sich im Speisesaal zugetragen hat.

2. Vertrauter	Zum letzten Mal Inspektor! Der Zutritt in den Speisesaal ist Ihnen von Exzellenz ausdrücklich untersagt worden!
Inspektor	Danke! Mein Auftrag hat sich soeben erledigt.
3. Vertrauter	Na also . . .! Warum immer erst so stürmisch, Inspektor . . .?
Inspektor	Sie sehen, verehrte Zuschauer, es ist zwecklos geworden, sich weiter zu unterhalten. Die Leute

glauben an das Gute im Menschen, wenn das Böse längst überschwappt ...

Johanan und der Inspektor sind beim folgenden Telefongespräch wieder gleichzeitig zu sehen.

Johanan	Zurück, Inspektor?
Inspektor	Erschrecken Sie nicht, Johanan, die Reise nach Mizpa war umsonst.
Johanan	Sie haben doch versucht, was Sie konnten, Inspektor?
Inspektor	Genau wie Sie, Johanan! Es gibt Verbrechen, die nehmen ihren logischen Verlauf, als wären sie programmiert.
Johanan	Glauben Sie?
Inspektor	So leid es mir tut, Johanan, der Mord an Gedalja war ein solches Verbrechen ...!

Quizfrage *Wer war Ismaels Auftraggeber?*
Bibelstelle *Jeremia 40, 13 — 41, 2*

2. Der Mord am Aufsichtspersonal

Personen	Inspektor Ben Jachim Majestät Augenzeuge 1. Aufseher 2. Aufseher

Der 1. Aufseher und der Inspektor sind beim folgenden Telefongespräch gleichzeitig zu sehen.

Inspektor Inspektor Ben Jachim?
1. Aufseher Majestät verlangt einen Zwischenbericht Ihrer Mordsache, Inspektor.
Inspektor Wann?
1. Aufseher Sofort, Inspektor! Die Majestät will Resultate sehen!
Inspektor Wo erwartet mich Seine Majestät?
1. Aufseher In der Palasthalle, Inspektor.

Der 1. Aufseher führt den Inspektor und den Augenzeugen einen Säulengang entlang zur Eichentüre der Palasthalle.

Inspektor Da wären wir.
1. Aufseher Die Palasthalle unserer Majestät, Inspektor.
Inspektor Darauf werde ich keine Rücksicht nehmen.
1. Aufseher Ihre Sache.

Neben der Eichentüre steht der 2. Aufseher. Er hat den Inspektor mit dem Augenzeugen offenbar erwartet.

Inspektor Inspektor Ben Jachim und der Augenzeuge.
1. Aufseher Melden Sie uns bei der Majestät!
2. Aufseher Sofort! Majestät tobt schon!

Der 2. Aufseher öffnet die Eichentüre. Beide begleiten dann den Inspektor mit dem Augenzeugen in die Mitte der Palasthalle vor die aufgebrachte Majestät.

2. Aufseher Majestät ...
Inspektor Ben Jachim mit dem Augenzeugen!

Majestät	Zeit, daß Sie kommen, Inspektor ...! Wo ist er ...? Den Mörder will ich ...! Wohin ist er geflohen ...?
Inspektor	Auf den Mörder kommen wir gleich zu sprechen, Majestät.
Majestät	Worüber hier gesprochen wird, bestimme ich!
1. Aufseher	(leise) Hände aus der Tasche, Inspektor! Stehen vor Majestät!
Majestät	Und wen, zum Henker, haben Sie da mitgebracht, Inspektor?
Inspektor	Den Augenzeugen.
2. Aufseher	Ein Gastarbeiter, Majestät.

Die Majestät wendet sich verächtlich zur Seite.

Majestät	Ach ...!
Inspektor	Seine Aussagen haben meine Ermittlungen ein beträchtliches Stück weitergebracht.
Majestät	In welche Richtung weitergebracht?
Inspektor	Zum Tatort, Majestät!
Majestät	So ...! Du hast den Inspektor zum Tatort geführt, he ...?
Augenzeuge	(eingeschüchtert) Jawohl, Majestät. Zum Tatort! Und zur Leiche unseres Herrn Aufsichtsbeamten! Erschütternd!
Majestät	Ich pfeife auf deine Leichen! Den Mörder will ich ...! Wo ist er ...?
Inspektor	Entronnen, Majestät.
Majestät	Entronnen ...?? Und das sagen Sie so einfach ...?
Inspektor	Die Ermittlungen sind im Gange. Erste Vermutungen deuten zur midianitischen Grenze.
Majestät	Vermutungen ...! Ich werde diesem Lumpenpack helfen! Bei meinem Hofhenker, du wirst dich erinnern, Gastarbeiter!
Inspektor	Sie wollten auf meine Ermittlungen zu sprechen kommen, Majestät.
Majestät	Wenn Sie dieser Gastarbeiter zur Leiche geführt hat, Inspektor, dann führt er Sie auch zum Mörder! Da brauchen Sie nicht groß zu ermitteln! Warten Sie's ab! Ich zeig's Ihnen!

Die Majestät klatscht in die Hände und ruft den 1. Aufseher, der sich inzwischen in der Nähe des Ausgangs aufhält.

Majestät Aufseher ...!! Aufseher ...!!
1. Aufseher Majestät?
Majestät Rufen Sie den Hofhenker her! Sofort!
1. Aufseher Sofort, Majestät!

Der 1. Aufseher begibt sich zum Ausgang.

Inspektor Wenn Majestät einen Rat erlauben, dann sollten wir in diesem Mordfall nicht vorgreifen, sondern besonnen und der Reihe nach vorgehen.
Majestät Meinetwegen ... (ruft) Der Henker soll im Hof bleiben!

Der 1. Aufseher, er ist eben im Begriff die Palasthalle zu verlassen, dreht sich noch einmal zur Majestät und verbeugt sich.

1. Aufseher Jawohl, Majestät. Henker soll im Hof bleiben.
Majestät (zum Augenzeugen) Also...? Wo ist dein Freund ...?
Inspektor Er ist der Tatzeuge, Majestät! Nicht der Freund eines Mörders.
2. Aufseher Ein Gastarbeiter!

Die Majestät wendet sich verächtlich zur Seite.

Majestät Ach ...!
Inspektor Man munkelt einiges in den königlichen Ziegelbrennereien ...
Majestät Wie ...? Was ...? Wer munkelt da ...?
Inspektor Alle!
Majestät Über den Mörder ...?
Inspektor Über den Tatzeugen. Drum habe ich ihn mitgebracht.
Majestät (zum Augenzeugen) Soo ...! Über dich munkelt man?
Augenzeuge Jawohl, Majestät! Mein Name hüpfte wie eine Heuschrecke durch die Anlagen der königlichen Ziegelbrennereien!
Majestät Und du hast die Tat genau gesehen ...?
Augenzeuge Ich habe die Tat mit meinen eigenen Augen gesehen ...! Jawohl, Majestät ...! Erschütternd!
Majestät Und auch den Täter?
Augenzeuge Auch den Täter, Majestät!

Majestät Und du bist nicht dazwischen gesprungen ...? Hast diese schändliche Mordtat nicht verhindert ...?

Augenzeuge Verzeihung, Majestät! Ich dachte, es wäre unser königlicher Henker vom Hof ... und schaute diskret zum Denkmal hinüber ... zum großen Ziegelstein der königlichen Brennerei ...! (gefaßter) Aber später, als dann der Mörder am Boden zu buddeln begann ...

Majestät Da merktest du was, hee ...??

Augenzeuge Ein königlicher Henker vom Hof buddelt nicht Löcher im Sand.

Majestät Allerdings ...!

Augenzeuge Und wirft nicht unseren Herrn Aufsichtsbeamten hinein.

Inspektor Die Leiche, Majestät.

Augenzeuge Erschütternd, Majestät! Nur ein Mörder kippt drei Schippen Sand so lieblos über die Uniform eines Aufsichtsbeamten.

Inspektor Über die Leiche, Majestät.

Majestät Und Sie haben diese Aussagen geprüft, Inspektor?

Inspektor Die Leiche hatte Sand in den Augen.

Majestät Inspektor ...!

Inspektor Und in den Ohren.

Majestät (schreit) Sie waren am Tatort, Inspektor! Was haben Sie für Beweise mitgebracht ...?

Inspektor Beim derzeitigen Stand meiner Ermittlungen halte ich Sandproben am Tatort für überflüssig. Der bräunliche Staub an der Uniform des Ermordeten scheint zu offensichtlich aus dem königlichen Ziegelbrennereikonzern zu stammen.

Majestät (schreit) Was kümmert mich der Ermordete ...! Beweise will ich ...! Den Mörder ...! Den Mörder ...! Schaffen Sie ihn her ...! Setzen Sie die Grenzpolizei in Alarm ...! Geben Sie Nachricht an die MHG ...!

Inspektor MHG?

2. Aufseher (leise) Midianitische Hirtengewerkschaft.

Inspektor Ich muß Majestät darauf aufmerksam machen, daß die MHG nicht mehr in Ihr Territorium fällt!

Majestät Dann lassen Sie mein Territorium erweitern ...!

Inspektor Das dürfte die Kompetenzen eines Inspektors um ein Vielfaches überschreiten ...

Majestät Aber eine Beschreibung will ich ...! Beim Hofhenker, ich verlange von Ihnen eine ausführliche Beschreibung des Täters ...! Auf der Stelle ...!

Inspektor Wie soll ich einen Mann beschreiben, der täglich im königlichen Hof ein- und ausging? Ich fürchte, Majestät kommen nicht herum, am Ende selbst noch ein Phantombild anzufertigen. Zusammen mit dem Augenzeugen.

Majestät Mit dem Augenzeugen ...?

2. Aufseher Mit dem Gastarbeiter, Majestät.

Die Majestät wendet sich verächtlich zur Seite.

Majestät Ach ...!

Augenzeuge Zwei Phantombilder, Majestät. Erst als Schlächder, dann als Schlichter.

Majestät Wie ...? Was ...? Der Augenzeuge hat den Mörder zweimal gesehen ...?

Inspektor Zweimal, Majestät.

Majestät Beim Hofhenker, du wirst immer toller, Gastarbeiter ...!

Augenzeuge Wir befanden uns am andern Tag in einem fachlichen Meinungsaustausch, Majestät. Ein bißchen laut, vielleicht. Zugegeben. Ein bißchen nach Art der königlichen Ziegelbrennerei, und was glauben Majestät, wer schleicht da plötzlich dazwischen?

Majestät Der Mörder ...?

Inspektor Der Schlichter!

Majestät Warum sagen Sie das ...? Ein überflüssiges Wort noch, Inspektor, und ich lasse den Gastarbeiter vor Ihren Augen hängen ...!

2. Aufseher (leise) Es ist gefährlich, Majestät in Gegenwart eines Gastarbeiters zu reizen. Nochmal ein solches Lächeln, Inspektor, und hinter Ihrem Nakken steht der königliche Henker vom Hof.

Inspektor Ich möchte Majestät darauf aufmerksam machen, daß wir die Leiche zwar anschließend entsandet haben, aber der Mörder inzwischen über alle Berge ist.

Majestät (schreit) Dann schaffen Sie ihn her ...!! Wozu in aller Welt sind Sie Inspektor geworden ...?

Ziehen Sie los ...! Suchen Sie ihn ...!

Inspektor Ein Inspektor zieht nicht los, um zu suchen, Majestät, ein Inspektor untersucht.

Majestät Lassen Sie diese Wortklauberei! Den Mörder will ich ...! Den Mörder ...! (schreit immer heftiger) Gehen Sie ...!!!

Während die Majestät in der Palasthalle weiter tobt, entfernt sich der Inspektor mit dem Augenzeugen und dem 2. Aufseher zum Ausgang.

Inspektor Was Sie da im Hintergrund als störend empfinden, verehrte Zuschauer, ist die Stimme der Majestät. Allerdings dürfen Sie beruhigt sein. Majestät wird sich mit seinem Rufen nach dem Mörder und dem Henker allenfalls eine kleine Heiserkeit zuziehen, nicht aber verhindern, daß unser Mörder in wenigen Augenblicken die Grenze nach Midian überschreiten wird ...

Der 1. Aufseher und der Inspektor sind beim folgenden Telefongespräch wieder gleichzeitig zu sehen.

1. Aufseher Wie geht's in dieser Mordsache weiter, Inspektor? Die Majestät ruft nach dem Mörder!

Inspektor Der Mörder hat die midianitische Grenze bereits überschritten. Richten Sie ihm das aus.

1. Aufseher Und wie sollen wir die Rachgier unserer Majestät befriedigen?

Inspektor Ihre Sache.

Quizfrage *Wer hat den Mörder zuerst gesehen? Und wo?*

Bibelstelle *2. Mose 2, 11–15*

3. Die eiligen Totengräber

Personen	Inspektor Ben Jachim Frau 1. Totengräber 2. Totengräber

Die Frau und der Inspektor sind beim folgenden Telefongespräch gleichzeitig zu sehen.

Inspektor	Inspektor Ben Jachim?
Frau	Sie kennen die Heilige Schrift, Inspektor? Kommen Sie! Schnell ...! Hier gibt es einen unheimlichen Kriminalfall für Sie! Ein Toter ist verschwunden!
Inspektor	Wo soll ich hingehen?
Frau	Nach Jerusalem, Inspektor! Ins Neue Testament!

Die Frau führt den Inspektor einen schmalen, steinigen Weg hoch. Beide bleiben dann stehen. Mit einer Handbewegung deutet die Frau auf den Boden und schaut den Inspektor ratlos an.

Inspektor	Da wären wir.
Frau	...?
Inspektor	Nicht wahr?
Frau	Über der Leiche, Inspektor ...!
Inspektor	Das verstehe ich nicht!
Frau	Sie stehen über der Leiche! Der Tote ist nämlich, wie ich Ihnen bereits mitgeteilt habe, vor wenigen Stunden hier im Erdboden versunken.
Inspektor	Sie haben das gesehen?
Frau	Wie eine schwarze Silhouette sah ich die Leiche unter den Füßen der Mörder verschwinden.
Inspektor	Dann müßte hier eine Grube sein.
Frau	Das ist es ja eben, Inspektor! Die Grube, die hier war, ist nicht mehr! Wir stehen vor einem Kriminalfall, der einen völlig neuen Hintergrund hat.
Inspektor	Wie kommen Sie darauf?
Frau	Inspektor! Muß ich Ihnen das erklären? Eine schlichte, ungebildete Frau aus Jerusalem ...?

Inspektor Bitte.

Frau Überlegen Sie, Inspektor: In Ihren bisherigen Kriminalfällen überließen Ihnen die Mörder immerhin noch die Leichen zur Klärung der Todesursache. Nicht so unsere neue Kommune, die von sich reden macht. Die Mordbuben vom christlichen Hospiz! Diese Kerle gehen ja hin und vergraben ihre Opfer gleich!

Der Inspektor beugt sich zur Erde und prüft die umgegrabene Stelle.

Inspektor Stimmt. Die Erde ist umgegraben. Ordentlich und sauber.

Die Frau greift mit den Händen an den Kopf und schaut entsetzt zum Inspektor.

Frau Schauderhaft! Nicht wahr ...? Nein, was leben wir in einer Welt, Inspektor ...!
Da marschiert ein Totentrupp mit Hacke und Schaufel aus dem christlichen Hospiz und verlocht seelenruhig eine Leiche am hellichten Tag! Wo gibt's denn sowas ...?! Die Endzeit ist gekommen, Inspektor! Das Unrecht nimmt überhand! Die Gesetzlosen schreiten über die Lande! Und stumme Totengräber verbuddeln Leichen! Furcht und Zittern kommt über Jerusalem, merken Sie das nicht ...?

Inspektor Ich merke nicht, warum Sie von Mord reden, gute Frau.

Frau Inspektor ...! Sie denken vielleicht, ich hätte Sie zum Spaß gerufen ...! Gut, ich bin eine schlichte, ungebildete Frau aus Jerusalem, aber das sagt mir der Verstand: Wo Mordbuben Leichen vergraben, da läßt sich auch ein Mörder finden!

Inspektor Wie sahen die Totengräber aus?

Frau Jung und finster, wie alle Mordbuben! Nur ohne Messer und Masken!

Inspektor Ein Unglücksfall ... ein Kollaps, vielleicht! Warum denn gleich Mord? Warum gleich den Kriminalinspektor rufen?

Frau Sie machen es einem schwer, Inspektor! Auch eine schlichte, ungebildete Frau darf nicht zulassen, daß in der Nähe der heiligen Mauern Jerusalems unkontrolliert Leichen vergraben werden. Und wenn sie zehnmal im christlichen Hospiz mit einem angeblichen Kollaps entschlafen sein sollen. Dafür müßten Sie als Kriminalinspektor eigentlich Verständnis aufbringen.

Inspektor Ich weiß. Ist einmal Ben Jachim im Land, gibt's keine natürlichen Todesfälle mehr!

Die Augen der Frau schauen wie gebannt in die Ferne, wo sich offenbar etwas Entsetzliches abzuspielen beginnt.

Frau Was ist denn mit meinen Augen auf einmal ...? Ich glaube, Sie müssen mich jetzt festhalten, Inspektor ...!
Meine Augen beginnen etwas wahrzunehmen, was ich nicht auszusprechen wage ...!
Da ...! Hinter Ihrem Rücken, Inspektor!
Links ... rechts! Links ... rechts! Hören Sie es, Inspektor? Das sind die Mordbuben! Die Männer mit der Silhouette ...!! Sie marschieren wieder! Der Totentrupp marschiert wieder aus Jerusalems Mauern ...!

Inspektor Bleiben Sie jetzt ganz ruhig!

Ein Toter wird von vier Männern den schmalen, steinigen Weg hochgetragen. Die Gestalten kommen silhouettenhaft auf die beiden zu.

Frau Hören Sie ihre Schritte, Inspektor? Sehen Sie die dunklen Gestalten auf uns zukommen? Links ... rechts! Links ... rechts! Sie sind es wieder ...! Die Totengräber vom christlichen Hospiz! Leibhaftig!

Inspektor Ruhig bleiben!

Frau O nein! Sie können hier nicht zugucken, Inspektor! Sonst werden Sie von den Gesetzlosen mit eingelocht ...!

Die Frau duckt sich einen Moment und versucht den Inspektor zur Seite zu ziehen.

Frau Sie müssen sich ducken, Inspektor! Schnell ...! Und bleiben Sie fest in meiner Nähe, Inspektor ...! Worauf warten Sie noch ...? Hier geht es hinter das Gestrüpp!

Inspektor Gehen Sie allein. Ich bleibe.

Frau Das würde Ihnen so passen. Den Helden spielen, nur weil man Kriminalist ist! Sie sollten mal eiskalt überlegen, Inspektor. Was ist zu tun? Ein Mord ist geschehen! Ach, was sag' ich?! Ein Doppelmord im christlichen Hospiz!

Inspektor Wer sagt das denn?

Frau Wer sagt das denn ...? Ich sag das! Das müßte ja sonst ein ganz neuartiges Phänomen sein, diese Totengräber vom Hospiz! Ein PSI-Fall, Inspektor, hab ich nicht recht?

Inspektor Eine rege Phantasie!

Frau Was sagen Sie da ...? Sagen Sie das noch einmal, Inspektor! Ich weiß doch, was ich sehe! Ein Toter läßt sich doch nicht zweimal begraben! Das sagt mir der Verstand. Und ein zweiter Kollaps im Hospiz? Nein, Inspektor, das spürt auch eine schlichte, ungebildete Frau aus Jerusalem ...

Inspektor Sie sollten in Zukunft etwas gegen Ihre Ängstlichkeit tun, gute Frau.

Die Leichenträger sind mittlerweile in der Nähe der beiden Augenzeugen angelangt.
Nachdem sich die Frau bereits etwas von der umgegrabenen Erdstelle entfernt hat und im Gestrüpp verborgen hält, beginnt auch der Inspektor sich etwas zurückzuziehen.

Frau Inspektor ...! Sie sind soweit ...!

Inspektor Mit was?

Frau Mit der schwarzen Silhouette! Sie heben sie von den Schultern ...!

Inspektor In aller Stille.

Frau Wie ich voraussagte, Inspektor! Jetzt nehmen sie Hacke und Schaufel ...

Inspektor Eine Beerdigung.

Frau Rufen Sie die Polizei! Sie müssen diese Totengräber sofort umzingeln lassen!

Der Inspektor geht den Totengräbern etwas entgegen.

Inspektor Sie verzeihen diese peinliche Unterbrechung, meine Herren. Inspektor Ben Jachim! Es gehört zu meinen unangenehmen Pflichten, sofort zu erscheinen, wenn man mich ruft.

1. Totengräber Man hat Sie gerufen, Inspektor?

2. Totengräber Man hat Sie gerufen . . .?

Inspektor Vor drei Stunden. Nach der ersten Beerdigung. Ein Augenzeuge.

1. Totengräber Versteht sich. Der Augenzeuge hat noch nie jemanden so schnell einen Toten begraben sehen.

Inspektor Zwei Tote, meine Herren!

Die Frau kauert noch immer ängstlich hinter dem Gebüsch.

Frau Und hintereinander, Inspektor!

2. Totengräber Was sagte die Frau . . .?

Inspektor Sie begreift nicht, warum Sie hintereinander zwei Tote begraben.

1. Totengräber Sie starben hintereinander.

2. Totengräber Zwei Herzschläge, Inspektor.

1. Totengräber Die Folge einer Schwindelei.

Frau Da hören Sie's selbst, Inspektor! Man stirbt doch nicht, wenn man schwindelt!

2. Totengräber Wer ist diese Stimme, Inspektor?

Inspektor Eine harmlose Frau, die hinter dem Gebüsch sitzt. Ausnahmsweise hat sie recht. Sie erfreut sich bester Gesundheit.

Die Gesichter der erstaunten Totengräber sind auf die Frau gerichtet, die sich langsam aus ihrem Versteck heraus zu ihnen begibt.

1. Totengräber Das ist kein Kriminalfall, Inspektor! Sie dürfen uns glauben. Sonst erkundigen Sie sich lieber.

2. Totengräber Unser Hospiz steht Ihnen jederzeit offen.

Inspektor Zwei Schwindeleien, zwei Herzschläge! Ein merkwürdiger Zufall allerdings.

1. Totengräber Meinen Sie?

Inspektor Oder eine hausinterne Regelung im Hospiz . . .

1. Totengräber Warum prüfen Sie nicht nach, Inspektor, wenn Sie schon nicht ganz sicher sind? Wir würden uns aufrichtig freuen.

2. Totengräber Stühle sind genug da.

Inspektor Keine Sorge, meine Herren! Werde ich einmal zu einem Todesfall gerufen, lasse ich nichts ungeprüft. Ich empfehle mich einstweilen.

Der Inspektor entfernt sich von den Totengräbern und steigt den Weg wieder hinunter. Die Frau verfolgt ihn dabei und spricht von hinten auf ihn ein.

Frau	Sie empfehlen sich ...?? Inspektor ...!! Hier oben liegen zwei Tote mit Lüge und Herzschlag am Boden ...! Und da wollen Sie sich als Kriminalinspektor einfach so empfehlen ...? Einfach aus dem Staub machen, ohne nach dem Hintermann zu fragen, den die beiden Toten vor Ihren Füßen angeblich belogen haben sollen ...? Dieser Unbekannte ist doch im höchsten Maß verdächtig ...!!
Inspektor	Ja, liebe Zuschauer, Sie hören es! Die Frau bleibt mißtrauisch. Und möglicherweise mit Recht. Dieser Hintermann ist verdächtig ...

Die Frau und der Inspektor sind beim folgenden Telefongespräch wieder gleichzeitig zu sehen.

Frau	Sie müssen die nötigen Schritte unternehmen, Inspektor! In allen Gassen Jerusalems laufen die Leute vom christlichen Hospiz herum ...!
Inspektor	Das Geheimnis hat sich geklärt, gute Frau.
Frau	Sie haben den Hintermann verhaftet ...?
Inspektor	Es ist für einen Kriminalinspektor unmöglich, gegen den Hintermann einzuschreiten. Im Gegenteil, gute Frau! Im Gegenteil ...!

Quizfrage	*Wer ist der Hintermann, den die beiden Toten angeblich belogen haben sollen?*
Bibelstelle	*Apostelgeschichte 5, 1–10*

4. Vorahnung einer Krankenschwester

Personen	Inspektor Ben Jachim Krankenschwester Schafscherer Prinz Amnon Zwischenrufer Stimme Knechte

Die Krankenschwester von Prinz Amnon und der Inspektor sind beim folgenden Telefongespräch gleichzeitig zu sehen.

Inspektor Inspektor Ben Jachim?

Krankenschw. Ich brauche Ihren persönlichen Schutz, Inspektor! Ich ahne hier Unheilvolles!

Inspektor Wer sind Sie?

Krankenschw. Eine Frau aus der königlichen Familie! Das Weitere erkläre ich Ihnen, wenn Sie hier in Baal-Hazor sind, Inspektor!

Inspektor Und wie soll ich Sie in Baal-Hazor finden, wenn ich nicht recht weiß, wer Sie sind?

Krankenschw. Ich schicke Ihnen einen Schafscherer, Inspektor!

Inspektor Einen Schafscherer ...?

Der Schafscherer führt den Inspektor vor einen prächtig dekorierten Eingang. Schon der Weg dorthin deutet darauf, daß ein fürstliches Fest in vollem Gange ist. Diener kommen und gehen, um den Gästen mit auserlesenen Speisen und Getränken aufzuwarten.

Inspektor Da wären wir.

Schafscherer An der Schafschurfeier in Baal-Hazor, Inspektor. Sie nähert sich dem Höhepunkt!

Inspektor Und weshalb wird ein Kriminalinspektor hinzugerufen?

Schafscherer Ich bin nur ein einfacher Schafscherer, Inspektor. Da ist man mit den Sorgen der königlichen Familie nicht sehr vertraut.

Inspektor Mit was sind Sie denn hier in Baal-Hazor vertraut?

Schafscherer Mit meiner Schafschere, Inspektor.

Inspektor Hier an diesem Fest?

Schafscherer An diesem Fest natürlich nicht, Inspektor! Ich habe den Auftrag Sie unauffällig zu der Krankenschwester von Prinz Amnon zu bringen.

Inspektor Zu einer Krankenschwester ...?

Schafscherer Sie reservierte Ihnen einen Platz, Inspektor!

Der Schafscherer und der Inspektor betreten den Festsaal. Die Stimmung scheint hier sehr lebhaft zu sein. Der Schafscherer führt den Inspektor an Prinz Amnons Freunden vorbei zur Krankenschwester.

Prinz Amnon (angetrunken) Hee ...! Du dort ...! Wer bist du?

Schafscherer Ich bin Schnip-Schnap, der Schafscherer!

Prinz Amnon erhebt seinen Weinbecher und hält ihn dem Schafscherer entgegen.

Prinz Amnon Auf dein Wohl, Schnip-Schnap!

Schafscherer Danke, Exzellenz!

Prinz Amnon Auf euer Wohl, ihr braven israelitischen Schafscherer!

Auch die Gäste erheben ihre Weinbecher und stimmen Prinz Amnon zu. Der Schafscherer ist inzwischen bei der Krankenschwester angekommen und deutet unauffällig auf den Inspektor.

Schafscherer Ich bringe Ihnen den Inspektor, gnädige Frau.

Inspektor Ben Jachim.

Krankenschw. Gut, daß Sie da sind, Inspektor! Nehmen Sie Platz.

Der Inspektor setzt sich an seinen neben ihr reservierten Platz. Auch der Schafscherer begibt sich wieder zurück und setzt sich etwas abseits der fürstlichen Tafel.

Krankenschw. An diesem Fest stimmt etwas nicht. Sie müssen mir helfen, Inspektor.

Inspektor Sie fürchten sich?

Krankenschw. Mit einem Mal!

Inspektor Vor den israelitischen Schafscherern?

Krankenschw. Vor einem anwesenden Gast!

Inspektor Können Sie etwas mehr über den Gast verraten?

Krankenschw. (leise) Drehen Sie sich jetzt unauffällig um,

	Inspektor, und schauen Sie zum Ausgang hinüber ...! Sehen Sie etwas ...?
Inspektor	Nichts ...! Knechte, Schafscherer und Trompeter ...! Und die Frauenriege in Baal-Hazor-Tracht!
Krankenschw.	Aber die Knechte dort flüstern immer wieder seinen Namen! Prinz Amnon ...! Prinz Amnon ...!
Inspektor	Prinz Amnon ist leicht angetrunken, wie alle großen Herren dieser Feier. Das ist alles!
Krankenschw.	Was wissen Sie schon von Prinz Amnon, Inspektor!

Die Stimmung in Baal-Hazor scheint ihrem Höhepunkt entgegenzugehen. Lachen und allgemeines Hin und Her. Prinz Amnon erhebt seinen Weinbecher.

Prinz Amnon	Trink mit, Schnip-Schnap ...! Man ist mit eurer Wolle in Baal-Hazor zufrieden! Gute Arbeit!
Schafscherer	Will's hoffen, Exzellenz! Die Säcke sind gefüllt und die Schafe wieder nackt im Feld!
Prinz Amnon	Holen sich den Schnupfen! Das Klima ist rauh, Schnip-Schnap!
Schafscherer	Aber gesund, Exzellenz! Pelzen in der Abendsonne von Baal-Hazor um so schneller wieder nach ...!

Lachen. Zustimmung. Prinz Amnon ist offensichtlich zum Mittelpunkt des Festes geworden.

Krankenschw.	Darf ich Ihren Weinbecher etwas auffüllen, Inspektor?
Inspektor	Bitte.

Die Krankenschwester nimmt den Weinkrug, der neben ihr steht, und schüttet dem Inspektor und sich selbst den Zinnbecher voll.

Krankenschw.	Sie denken nach, Inspektor?
Inspektor	Ich frage mich, was es für eine Krankenschwester eigentlich zu fürchten gibt an Prinz Amnon, dem Lustigen.
Krankenschw.	Ich fürchte Prinz Amnon, den Fleischeslustigen, Inspektor!
Inspektor	Sie haben einen diesbezüglichen Verdacht?

Krankenschw. Ich hatte ein diesbezügliches Erlebnis, Inspektor!

Inspektor Dann darf ich Sie bitten, mich mit Details zu verschonen.

Krankenschw. Keine Sorge, Inspektor!

Inspektor Stichpunkte vielleicht.

Krankenschw. Vor zwei Jahren ließ Prinz Amnon mich rufen. Zu sich. Als Krankenschwester in sein Schlafzimmer.

Inspektor War er krank?

Krankenschw. Hungrig. Er verlangte von mir, einen Kuchen an sein Krankenbett zu bringen.

Inspektor Einen Kuchen ...?

Krankenschw. Aber dabei blieb es nicht.

Inspektor Natürlich nicht.

Krankenschw. Und zuletzt schob er mich hinaus vor die Tür ...!

Inspektor Deswegen braucht man aber nicht zwei Jahre später den Kriminalinspektor nach Baal-Hazor zu rufen.

Krankenschw. Wer weiß, was noch alles kommt! Worauf seine Phantasie heute nacht wieder abzielt ...!

Inspektor Darf ich fragen, was ich denn inzwischen an dieser Schafschurfeier tun soll?

Krankenschw. Bereithalten, Inspektor ...! Sie müssen sich bereithalten! Für den Fall, daß der Lüstling wieder aus der weißen Weste springt ...!

Inspektor Wenn Sie mir dabei noch einmal den Zinnbecher nachfüllen würden, Krankenschwester. Der Weinkrug steht rechts neben dem Tischleuchter ...!

Die Krankenschwester ist eben damit beschäftigt, dem Inspektor den Weinbecher aufzufüllen, da durchdringt eine unbekannte Stimme das Fest.

Stimme Knechte ...! Nehmt eure Dolche ...!! Stoßt zu ...!!!

Tumult. Von allen Seiten stürmen Knechte mit gezückten Dolchen auf Prinz Amnon zu.

Inspektor Halt ...!! Werfen Sie sofort die Dolche weg ...!!

Der Inspektor springt von seinem Platz auf, Prinz Amnon entgegen.

Krankenschw. (schreit) Inspektor ...!!

Die Knechte stoßen auf ihr Opfer ein und verlassen fluchtartig den Festsaal.

Krankenschw. Prinz Amnon ...??
Inspektor Prinz Amnon der Lustige!
Krankenschw. Jetzt ist er nicht mehr lustig ...

Auch einige der fürstlichsten Gäste fliehen aus dem Festsaal, ohne sich um Prinz Amnon zu kümmern. Einige Augenblicke herrscht dann Stille. Langsam erheben sich einige der Gäste, um sich von dem Mord zu überzeugen.

Schafscherer Prinz Amnon ...
Inspektor ... erdolcht!
Schafscherer ... am Boden ..
Krankenschw. ... zwischen den Stuhlbeinen!
Inspektor Da ist nichts mehr zu pflegen, Krankenschwester.
Krankenschw. Nichts mehr.

Mittlerweile haben sich auch die übrigen Gäste um den Inspektor versammelt, der neben dem Toten steht.

Inspektor Verehrte Gäste! Ich bin Inspektor Ben Jachim. Verlassen Sie bitte nicht die Schafschurfeier!
Schafscherer Die Brüder von Prinz Amnon haben die Schafschurfeier bereits verlassen, Inspektor!
Inspektor Sie haben sie gesehen?
Schafscherer Mit eigenen Augen, Inspektor!
Inspektor Merkwürdig ...
Schafscherer Schnip-Schnap, der Schafscherer, ist Zeuge!
Inspektor Meine verehrten Gäste! Ein Mord ist geschehen! Und wer ihn ausgeführt hat, steht wohl außer Zweifel!
Zwischenruf Schnip-Schnap mit der Schafschere!
Schafscherer Ich bin ein Scherer von Baal-Hazor, Inspektor! Ich mache sowas nicht!
Inspektor Der Tote wurde nicht geschoren, sondern von allen Seiten erdolcht! Das, verehrte Gäste, ist eine Tatsache, an der es nichts zu rütteln gibt.
Zwischenruf Die Knechte unseres Gastgebers!
Inspektor So ist es! Und ich bitte jetzt den Schafscherer, uns zu schildern, was er soeben gesehen hat.
Schafscherer Die Knechte mit den Dolchen ...! Sie stürmten dicht an mir vorüber! Und dann hingen sie an Prinz Amnon wie die Kletten! Rundherum!

Inspektor	Und weiter?
Schafscherer	Dann flohen sie! Mit blutigen Dolchen in den Händen! Und auch die Brüder von Prinz Amnon eilten weg!
Inspektor	Verehrte Gäste, sie haben es gehört! Und ich fürchte, wir haben hier einen Toten vor uns, der noch viele Tote nach sich ziehen wird! Doch gegen die Knechte mit den Dolchen einzuschreiten, ist mir leider nicht möglich. Beschränken wir uns deshalb auf die Frage: Wer hat diesen Mord geplant ...? Wer hat die Knechte gedungen ...? Unser Gastgeber vielleicht ...? Die Knechte mit den Dolchen waren unserem Gastgeber unterstellt, vergessen wir das nicht! Und falls Sie ihn heimlich über meinen Verdacht informieren wollen, Krankenschwester, dann bitten Sie ihn doch gleichzeitig, die Tische räumen zu lassen. Aus dem umgekippten Krug tropft der Wein auf die Leiche.
Krankenschw.	Erst höre ich mir Ihre Verdächtigungen zu Ende an, Inspektor!
Inspektor	Auch die flüchtigen Brüder des Ermordeten kommen in Betracht. Ich nehme an, sie sind im Begriff, Baal-Hazor fluchtartig zu verlassen. Ohne sich um ihren Bruder gekümmert zu haben ...!
Schafscherer	Wird bezeugt! Schnip-Schnap, der Schafscherer!
Inspektor	Die Moral unter dem königlichen Nachwuchs schien mir, nebenbei bemerkt, schon vor dem Mord beängstigend zu sein.
Krankenschw.	Und wen verdächtigen Sie noch, Inspektor?
Inspektor	(mit Nachdruck) Prinz Amnons Krankenschwester, gnädige Frau!
Krankenschw.	Mich ...?? Ich habe Sie ja rufen lassen, Inspektor! Ich brauchte selbst Ihre Hilfe!
Inspektor	Bitte sehen Sie in mir jetzt nicht mehr Ihren Beschützer, sondern den Inspektor, der einen Mord aufzuklären hat!
Krankenschw.	Ich begreife nicht, was einen Kriminalinspektor zu einer solchen Verdächtigung zwingen könnte!
Inspektor	Das Motiv! Vergessen Sie nicht, was für ein Toter vor Ihren Füßen liegt, Krankenschwester. Es ist jetzt zwei Jahre her, seit Sie Ihrem Patienten den Kuchen ins Schlafzimmer brachten!

Krankenschw.	Er wünschte es so, Inspektor!
Inspektor	Um Sie dann gleich wieder vor die Tür zu setzen ...?
Krankenschw.	Es war ein eigenwilliger Annäherungsversuch von ihm! Ein hinterhältiges Notzuchtverbrechen!
Inspektor	Es gibt Frauen, die träumen von Männern mit eigenwilligen Annäherungsversuchen. Und manche dieser Frauen werden enttäuscht!
Krankenschw.	(bestimmt) Ich habe Sie rufen lassen, Inspektor, um Sie unter anderem zu überzeugen, daß ich keine solche Frau bin!
Inspektor	Möglich. Ebenso möglich ist natürlich, daß Sie eine Frau sind, die Gerechtigkeit wollte ...!
Krankenschw.	Gerechtigkeit ...?
Inspektor	Nachdem ihr Unrecht geschehen ist ...!
Krankenschw.	Inspektor ...!
Inspektor	Verschiedene Möglichkeiten, verehrte Gäste! Wir kennen sie jetzt. Da ist einmal der Gastgeber! Ihm waren die Knechte mit den Dolchen unterstellt. Dann die Brüder des Toten, die eben Baal-Hazor fluchtartig verlassen! Und die Krankenschwester! Sie hätte ein Motiv!

Die Krankenschwester von Prinz Amnon und der Inspektor sind beim folgenden Telefongespräch wieder gleichzeitig zu sehen.

Krankenschw.	Es tut mir leid, Inspektor, daß die Feier ein so schreckliches Ende nahm!
Inspektor	Wirklich ...?
Krankenschw.	Sogar der Gastgeber ist geflohen, haben Sie's gehört?
Inspektor	Natürlich!
Krankenschw.	Und wer die Knechte beauftragt hat, Inspektor, wissen Sie das inzwischen auch ...?
Inspektor	(mit Nachdruck) Ja, auch das weiß ich inzwischen, gnädige Frau!

Quizfrage	*Wer hat die Knechte des Gastgebers zu diesem Mord gedungen? Und aus welchem Motiv heraus?*
Bibelstelle	*2. Samuel 13, 23—29*

5. Die nächtliche Dichterlesung

Personen	Inspektor Ben Jachim Hegai Schaaschgas Ahasveros

Hegai, Betreuer der königlichen Frauen, und der Inspektor sind beim folgenden Telefongespräch gleichzeitig zu sehen.

Inspektor	Inspektor Ben Jachim?
Hegai	Man erwartet Sie zu einer ehrenvollen Aufgabe, Inspektor!
Inspektor	Und wie lautet diese ehrenvolle Aufgabe?
Hegai	Majestät einen hausinternen Kriminalfall rezitieren. Zur Erquickung für die Nacht.
Inspektor	Ich will Kriminalfälle aufklären und nicht schlaflose Majestäten erquicken!
Hegai	Mit einer Ausnahme, wenn ich bitten darf: Bei unserer Majestät König Ahasveros!

Der Inspektor betritt einen prachtvollen Vorraum, der in das Schlafgemach der Majestät führt. Er sieht sich flüchtig um. Bewundert die Liebesgöttin, die neben dem Eingang steht.

Inspektor	Da wären wir ...!

Der Inspektor wendet sich von der Liebesgöttin weg zu den Betreuern Hegai und Schaaschgas, die ihr gegenüber am Eingang stehen und den Inspektor offenbar erwartet haben. Beide begrüßen den Inspektor mit einer kleinen Verbeugung.

Hegai	Hegai! Betreuer der königlichen Frauen.
Inspektor	Sehr erfreut.
Schaaschgas	Schaaschgas! Betreuer der königlichen Nebenfrauen.
Inspektor	Ich staune. Ein vollkommen durchorganisiertes Liebesleben, und Majestät ruht nicht, ohne auch noch eine Kriminalgeschichte gehört zu haben.
Schaaschgas	Was wollen Sie machen, Inspektor? Ihre Kriminalfälle wandeln allabendlich mit den Neben-

frauen auf das goldene Kanapee unserer Majestät Ahasveros. Wundert Sie da sein Verlangen, den Kriminalinspektor einmal kennenzulernen?

Inspektor Und wie soll Majestät den Kriminalinspektor kennenlernen, wenn er ihn einen alten, hausinternen Kriminalfall verlesen läßt?

Hegai Majestät möchte den hausinternen Kriminalfall einmal in Gegenwart eines Spezialisten auf sich wirken lassen. Das will doch für Sie was heißen, Inspektor!

Schaaschgas Zwei Delinquenten kamen seinerzeit an die Galgen und der Kriminalfall ins königliche Buch! Vergessen Sie das mal nur nicht!

Inspektor Wie Sie wünschen! Ein Inspektor deklamiert die Story, und Majestät hat die Erquickung für die Nacht!

Hegai Nur dürfen Sie Ihrem kriminalistischen Ruf nicht leichtfertig ausweichen, Inspektor! Sie sind jetzt der Mann, den Majestät braucht!

Schaaschgas Majestät muß Ihre Argumente, Ihre Meinung erfahren ...!

Hegai Wissen Sie was? Sie spüren jetzt die schwachen Stellen auf und geben dann der Majestät Ratschläge, wie man es besser machen könnte!

Hegai will dem Inspektor das königliche Buch überreichen. Der Inspektor reagiert aber zuerst nicht darauf.

Hegai Hier, wenn ich bitten darf ...! Hier ist das Buch der täglichen Meldungen, Inspektor ...!

Schaaschgas Majestät besteht nicht darauf, daß Sie das übliche Pathos verwenden, das das königliche Zeremoniell vorschreibt ...

Hegai Nun ...? Sie sollten sich würdig vorbereiten, Inspektor ...!

Schaaschgas Majestät wird Sie in einigen Augenblicken zur Rezitation an die königliche Heia bitten!

Hegai Bitte ...! Nehmen Sie jetzt das Buch, Inspektor ...! Überfliegen Sie es! Überprüfen Sie die Niederschrift dieses Kriminalfalles auf mögliche Pointen!

Der Inspektor nimmt das Buch unwillig entgegen.

Inspektor Wenn Majestät nicht schlafen kann, warum nimmt er kein Pülverchen?

Hegai Die königlichen Frauen warnen vor Pülverchen!

Schaaschgas Auch die königlichen Nebenfrauen!

Hegai Chemie ist für Majestät ungesund, Inspektor! Und jetzt lesen Sie und halten sich nicht mehr mit Fragen auf!

Der Inspektor schaut flüchtig in das Buch, steht auf und geht zum Fenster. Zitiert uninteressiert mit etwas abschätzigen Bewegungen aus dem Buch.

Inspektor In alten Zeiten des Ahas-
veros, da öffnet man ein Faß
und goß den Majestäten ein ...
Gewaltig!

Schaaschgas Das können Sie auch mit einer einfachen Geste andeuten, Inspektor.

Der Inspektor bleibt vor dem Fenster stehen. Männer sind dabei, in der Nachbarschaft einen Galgen aufzurichten.

Hegai Noch Unklarheiten, Inspektor? Sie haben plötzlich eine komische Art, nachdem Sie das Buch entgegennahmen.

Inspektor Diese Hammerschläge, mitten in der Nacht, strapazieren meine Gedankengänge aufs Äußerste.

Hegai Die Galgenbauer, Inspektor!

Schaaschgas Spezialisten im Akkord!

Inspektor Gibt's hier denn nichts als Galgenbauer im Land?

Hegai Inspektor! Nicht, daß Sie sich noch mit Hamans Galgenbauern anlegen!

Schaaschgas Vor dem Richtfest!

Inspektor Geht das für die Nacht nicht abzustellen?

Hegai Exzellenz Haman überwacht vom Sofa seines Arbeitszimmer aus höchst persönlich die Errichtung seines agagitischen Großgalgens!

Schaaschgas Da gibt's nichts abzustellen, Inspektor!

Die Hammerschläge sind stärker und regelmäßiger zu hören.

Hegai Diese Hammerschläge unter den Galgennaglern künden ein neues, turbulentes Zeitalter an!

Schaaschgas Exzellenz Haman knüpft inskünftig auf die Balken, was er nicht in die Knie zwingt!

Inspektor Werde Majestät Ahasveros bitten, gegen den agagitischen Großgalgen einzuschreiten und Hamans Galgennagler unverzüglich von ihren Hämmern zu reißen.

Hegai Es steht Ihnen natürlich frei, Inspektor, Ihren guten Ruf bei Majestät geltend zu machen. Ich bitte nur noch einmal die Ausweglosigkeit dieses Unterfangens zu bedenken: Hamans Galgen ist kein billiges Serienprodukt. Dieser Galgen, Inspektor, ist Exzellenz Hamans Privatkunststück! Und steht auf Exzellenz Hamans Privatgrundstück!

Hegai Auf dem Mittelpunkt der Welt!

Hammerschläge der Galgenbauer.

Inspektor Ist ja widerlich ...!

Hegai Wozu sich aufregen, Inspektor? Jede Regierung baut Galgen, wenn sie dynamisch wird!

Schaaschgas Das gibt ihr die Möglichkeit, Verordnungen zu verankern, die landläufig auf schwachen Beinen stehen. An das Gesetz und Exzellenz Haman glaubt heute schon jedermann!

Hegai Aber ich denke, wir wollen jetzt nicht andauernd Maßnahmen bezweifeln, die von nationaler Bedeutung sind. Sie werden ja bereits deprimiert, Inspektor, bevor es überhaupt losgeht! Machen Sie sich lieber noch etwas zurecht ...Oh! Sie haben Grünlicht! Majestät Ahasveros braucht Sie jetzt drüben!

Schaaschgas Eine Tür und eine Stufe, Inspektor, und man ist im Himmel ...!

Hegai Wir begleiten Sie, Inspektor!

Schaaschgas Wir begleiten Sie!

Hegai und Schaaschgas führen den Inspektor in das Schlafgemach der Majestät.
In einem würdigen Abstand bleiben sie vor dem goldenen Kanapee stehen, auf dem die Majestät ruht. Hegai und Schaaschgas verbeugen sich vor der Majestät.

Hegai Majestät!

Schaaschgas (deutet auf den Inspektor) Der Inspektor!

Ahasveros	Treten Sie näher, Inspektor! Ich heiße Sie willkommen!

Der Inspektor tritt mit dem königlichen Buch einige Schritte vor.

Ahasveros	Was halten Sie von unserem Kriminalfall, Inspektor?
Inspektor	Ich konnte ihn noch nicht ganz überfliegen, Majestät.
Ahasveros	Inspektor ...! Ich lasse Sie ins königliche Schlafgemach rufen, und was bringen Sie mit ...?
Inspektor	Das Buch der täglichen Meldungen, Majestät!
Ahasveros	Zu wenig!
Inspektor	Auf den Text kommt es an, Majestät!
Ahasveros	Was im Text drin ist, gehört nicht zu Ihrem Gebiet! Er kann sein, wie er will! Prächtig oder voller Belanglosigkeiten! Nein, Inspektor, auf Ihre Rezitation kommt's mir an! Auf mögliche Argumente! Anschließende Kritik!

Hegai wendet sich leise von hinten an den Inspektor.

Hegai	Majestät beruhigt sich wieder, wenn Sie diesem Kriminalfall ein paar erfahrene Ratschläge hinzufügen!

Die Majestät wendet sich den Betreuern zu, die hinter dem Inspektor stehen.

Ahasveros	Kehrten all meine Frauen wieder in ihre Menagerien zurück, meine Herren Betreuer?
Hegai	Jawohl, Majestät! Sie sind vollzählig!
Ahasveros	Und die Nebenfrauen?
Schaaschgas	Auch die Nebenfrauen sind vollzählig, Majestät!

Aus dem Nebenraum vernimmt man wieder das gleichmäßige Klopfen der Galgennagler.

Inspektor	Wenn ich Majestät um einen kleinen Gefallen bitten darf, dann möge man während der Rezitation vor dem königlichen Kanapee draußen die Galgenklopferei einstellen.

Ahasveros Ein prächtiger Großgalgen, Inspektor! Fünfzig Ellen, schätz' ich! Haben Sie ihn gesehen? Ach, lassen wir die Männer doch machen! Der Besitzer ist mein agagitischer Freund Haman! Ein tüchtiger Politiker! Hat sich eben in den Vorhof begeben ...!

Die Majestät nippt gelangweilt an ihrem Trinkbecher. Der Inspektor öffnet das königliche Buch.

Inspektor Gibt es für Majestät vielleicht eine Lesekopie? Oder ziehen es Majestät vor, sich ausschließlich den Rezitationen eines Kriminalinspektors hinzugeben?

Ahasveros Das zweite. In der Heia lese ich nicht mehr. Schadet den Augen.

Inspektor Dann können Majestät sich jetzt zurücklegen und den Preiselbeersaft neben die Matratze stellen.

Der Inspektor beginnt mit den Rezitationen.

In alten Zeiten des Ahas-
veros, da öffnet man ein Faß
und goß den Majestäten ein
vom allerliebsten Karmelwein ...

Ahasveros Zum Einschlafen!

Inspektor Majestät haben mich deshalb gerufen!

Ahasveros Überspringen Sie, Inspektor!

Der Inspektor überspringt einige Seiten im königlichen Buch und rezitiert weiter.

Inspektor Ahasveros, der große König,
der ahnte wohl noch viel zu wenig,
was anderswo geschah am Hof.
Das war für ihn schon ziemlich d ... d ...

Durch das Klopfen der Galgennagler fühlt sich der Inspektor in seinen Rezitationen irritiert.

Inspektor d ... das kann ich nicht lesen, Majestät!

Ahasveros Wie? Sie hängen, Inspektor ...?

Inspektor Besser im Text, als am Galgen, Majestät!
Ahasveros Weiter ...!

Der Inspektor rezitiert weiter.

Inspektor In jenen Tagen ziemlich späte,
da schwuren zwei geheime Räte
ein böses Werk vor ihren Türen
ganz still und heimlich auszuführen ...

Oh weh ...! Nicht auszudenken wär' es,
wenn unsre Pförtner, Bigthan, Teresch,
mit ihren Messern, bös' geschliffen,
sich an der Majestät vergriffen ...

Ein Fluch dem Tag, ein Fluch den Stellen,
wo diese beiden Kriminellen
zusammen war'n, um einen solchen
erhab'nen König zu erdolchen ...!

Ahasveros Schon gut. Überspringen!

Der Inspektor überspringt wieder einige Seiten im königlichen Buch und rezitiert weiter.

Inspektor Ein Detektiv, Herr Mardochai,
der stand dort, Gott sei Dank, dabei,
weil er bei stillem Sternenlichte,
erst warten wollt' auf seine Nichte ...!

Ur — plötzlich hat er dann entdeckt,
daß man ein' Mordplan ausgeheckt ...
Und wie's in solchen Fällen geht,
der Held, der geht zu Majestät ...!

Ahasveros (ruft dazwischen) Moment ...!
Inspektor Majestät?
Ahasveros Dieser Held, dieser Detektiv ...? Wie hieß er doch gleich ...?
Inspektor Mardochai.
Ahasveros Ein braver Mann!
Inspektor Ein Lebensretter!
Ahasveros Und kein Hinweis einer Belohnung, am Ende meiner Kriminalgeschichte?

Der Inspektor blättert zum Ende der Kriminalgeschichte im königlichen Buch.

Inspektor	Doch, Majestät.
Ahasveros	Bitte ...!

Der Inspektor rezitiert das Ende der Geschichte.

Inspektor	Der Held war gut, die beiden schlecht ... Am Ende kamen sie zum Recht: Die beiden in den Todesfluch, der Detektiv ins Tagebuch ...!
Ahasveros	Zu wenig ...! Das ist viel zu wenig, Inspektor ...! Wer kennt denn schon das königliche Tagebuch ...?
Inspektor	Helden, die leer ausgingen, haben hinterher um so größere Ehre erfahren.
Ahasveros	Schon gut, Inspektor! Aber ein König kann es sich nicht leisten, seine Helden zu vergessen! Das wird ihm die Geschichte nie verzeihen!
Inspektor	Die Geschichtsschreiber werden dafür sorgen, Majestät! Im übrigen finde ich es auch etwas bedenklich, einen Helden, dem man sein Weiterleben auf dem goldenen Kanapee verdankt, einfach zu vergessen. Aber Majestät werden ja einen solchen Mann auch nachträglich zu belohnen wissen!
Ahasveros	Haben Sie eine Idee, Inspektor, wie der Mann belohnt werden kann, den der König ehren will?
Inspektor	Vielleicht wenden sich Majestät mit dieser Frage besser an seinen agagitischen Freund Haman, der drüben seinen Galgen bauen läßt. Sagten Sie nicht, er hielte sich eben im Vorhof auf ...?
Ahasveros	Ganz recht, Inspektor! Ein guter Vorschlag!
Inspektor	Ich dürfte mich damit empfehlen, Majestät.

Die Majestät macht eine entsprechende Geste und wendet sich dann an die Herren Betreuer.

Ahasveros	Und Sie, meine Herren Betreuer, unterbreiten die Bitte Exzellenz Haman und rufen ihn zu mir! Dringender Auftrag!
Hegai	Sehr wohl, Majestät!
Schaaschgas	Sehr wohl.

Die Betreuer Hegai und Schaaschgas führen den Inspektor wieder aus dem königlichen Schlafgemach in den Nebenraum.

Inspektor	(beim Hinausgehen) Ich bin gewiß, verehrte Zuschauer, man wird's erfahren, wie Majestät unseren Tagebuch-Detektiv belohnen wird ...

Hegai, Betreuer der königlichen Frauen, und der Inspektor sind beim folgenden Telefongespräch wieder gleichzeitig zu sehen.

Hegai	Hegai, Betreuer der königlichen Frauen! Majestät bittet, Ihnen zu schildern Inspektor, was sich heute morgen auf dem Stadtplatz zuträgt ...!
Inspektor	Bitte!
Hegai	Ein Volksfest! Exzellenz Haman ist dabei, Ihnen Tagebuch-Detektiv zu ehren!
Inspektor	Exzellenz Haman?
Hegai	Ganz recht! Der Erbauer des agagitischen Großgalgens, Inspektor ...!
Inspektor	Sehr interessant! Bitten Sie doch Ihre Majestät, sein Tagebuch weiterzuführen ...!

Quizfrage	*Wie hatte die Majestät den Tagebuch-Detektiv ehren lassen?*
Bibelstelle	*Esther 6, 1—5*

6. Majestät meldet sich nicht mehr

Personen	Inspektor Ben Jachim Speisemeister Leibarzt Zwischenrufer Hauspersonal

Der Speisemeister und der Inspektor sind beim folgenden Telefongespräch gleichzeitig zu sehen.

Inspektor	Inspektor Ben Jachim?
Speisemeister	Die Küche bittet um Hilfe, Inspektor!
Inspektor	Vielleicht sagen Sie erst, mit wem ich spreche.
Speisemeister	Mit einem Moabiter, Inspektor! Dem Speisemeister unserer königlichen Majestät Eglon!
Inspektor	Gibt es Schwierigkeiten in der Küche?
Speisemeister	Nicht in der Küche, Inspektor! Im Obergemach! Die Majestät meldet sich nicht mehr!

Bestürzung herrscht unter dem königlichen Hauspersonal und eine große Aufregung vor der Türe zum Obergemach. Der Inspektor kommt hinzu.

Inspektor	Da wären wir.

Der Speisemeister klopft unentwegt an die verschlossene Türe.

Speisemeister	Die Küche, Majestät! Die Küche ...! Die Küche ...!
Inspektor	Sind Sie der Speisemeister?
Speisemeister	Jawohl, Inspektor! Die Küche ist ratlos, weil Majestät nicht mehr zu tafeln gedenkt.
Inspektor	Hat sich die Majestät nicht abgemeldet?
Speisemeister	Majestät will sich überhaupt nicht mehr melden, Inspektor!
Inspektor	Haben Sie schon einmal vor der Tür genau hingehört?
Speisemeister	Nein, Inspektor!
Inspektor	Ich bitte Sie! Dann lauschen Sie erst einmal an der Tür!

Speisemeister Tut uns leid, Inspektor!
Inspektor Es ist dringend!
Speisemeister Wir Moabiter pflegen unsere Majestäten auch in dringenden Fällen nicht zu belauschen, Inspektor!
Inspektor Darum haben Sie Ben Jachim gerufen, wie?
Speisemeister Eben.
Inspektor Ist hier drinnen sein Obergemach?
Speisemeister Verschlossen, Inspektor und auch die Tür zum Nebengemach!
Inspektor Haben Sie es schon mit einem Zweitschlüssel versucht?
Speisemeister Ich bin zwar der Speisemeister unserer königlichen Küche, Inspektor, aber das Öffnen des Nebenraumes ist ausschließlich das Vorrecht unserer moabitischen Majestät Eglon! An ein Aushändigen des Zweitschlüssels ist im Augenblick nicht zu denken.
Inspektor Und wenn Egon was zugestoßen ist?
Speisemeister Majestät Eglon, Inspekor! Eglon! Mit L!
Inspektor Ist schließlich denkbar.
Speisemeister Eine nationale Tragödie!

Wieder klopft der Speisemeister an die verschlossene Tür.

Speisemeister Die Küche, Majestät! Die Küche ...! Die Küche ...!

Plötzlich wird es wieder sehr unruhig unter dem Hauspersonal.

Zwischenruf Der königliche Leibarzt ...!
Hauspersonal (gleichzeitig, ehrfürchtig) Der königliche Leibarzt ...!!

Das Hauspersonal macht dem Leibarzt eine Gasse, so daß er geradewegs die Türe zum Obergemach erreicht. Zuerst wendet er sich vertraulich an den Speisemeister.

Leibarzt Sie sehen verängstigt aus, Kollege. Haben Sie Majestät etwa die Frage nach den Gewichten gestellt ...?
Speisemeister Speisemeister haben ihren Majestäten nur die Sonnenseiten des Lebens zu servieren. Die Frage

nach den Gewichten dürfte in Ihr Ressort fallen, Kollege!

Der Leibarzt klopft an die verschlossene Türe.

Leibarzt Majestät ...? Ich bin's! Ihr Leibarzt ...!

Der Speisemeister deutet mit der Hand auf den Leibarzt vor der Türe.

Speisemeister (leise) Der Leibarzt unserer Majestät, Inspektor! Spezialist für innere Krankheiten.

Der Leibarzt wendet sich von der Türe.

Leibarzt Nichts!
Speisemeister Das ist übrigens Inspektor Ben Jachim.
Leibarzt Sie haben den Kriminalinspektor gerufen ...?
Speisemeister Ein Notfall, Kollege!
Leibarzt Dann halte ich den Augenblick für gekommen, Majestät die Frage nach den Gewichten zu stellen.

Der Leibarzt klopft wieder an die verschlossene Türe.

Leibarzt Majestät ...!
Inspektor Wir verlieren Zeit, meine Herren!
Leibarzt Wie geht's unserer Verbrennung, Majestät ...? Sind's wieder die Kalorien ...?

Stille.

Leibarzt Nichts!
Speisemeister Nichts!
Hauspersonal Nichts!
Leibarzt Damit sind Sie an der Reihe, Inspektor. Majestät antwortet auch auf die Frage nach seinen Gewichten nicht mehr.
Inspektor Wann wurde die Tür zum Nebenraum verschlossen?
Speisemeister Nach einem vertraulichen Gespräch mit dem hebräischen Tributmeister Ehud, Inspektor!

Inspektor Ging diesem vertraulichen Gespräch etwas Auffälliges voraus?

Speisemeister Jawohl, Inspektor! Majestät wechselte in aller Eile seinen offiziellen Thron mit dem persönlichen Thron im Obergemach.

Inspektor Und wie kam der Tributmeister Ehud zu einem vertraulichen Gespräch mit der Majestät?

Speisemeister Er folgte einem inneren Ruf, Inspektor.

Leibarzt Bei den Steinbildern zu Gilgal.

Inspektor Einem inneren Ruf ...?

Speisemeister Tributmeister Ehud habe Majestät mit dem Wort zu dienen.

Leibarzt So war es, Inspektor! Zunächst diente er Majestät mit dem israelitischen Tribut und dann mit dem Wort des Herrn!

Inspektor Und hat sich die Majestät von dem inneren Ruf seines Tributmeisters überzeugen lassen?

Leibarzt Das wird sich erst herausstellen, Inspektor.

Inspektor Aber Egons Leibwache wurde von seinem Dienst am Wort unterrichtet?

Speisemeister Ich muß Sie noch einmal darauf hinweisen, Inspektor, daß Majestät im ganzen moabitischen Territorium mit Majestät Eglon angesprochen wird. Im übrigen fällt das Unterrichten der Leibwache nicht in das Ressort eines moabitischen Speisemeisters, mit Verlaub.

Inspektor Schön und gut, bist ja ein prima Moabiter, Speisemeister, aber jetzt holst' uns den Zweitschlüssel! Es ist dringend, wie ich merke!

Leibarzt Inspektor ...! Sie haben ja soeben meinen Kollegen, den Speisemeister geduzt!

Inspektor Entschuldigen Sie meine Herren, aber es wird Zeit, daß Sie den Ernst der Lage zu erkennen beginnen, der hier vorliegt!

Leibarzt (zu seinem Kollegen) Zugegeben, dem Inspektor fehlen offensichtlich die hauseigenen Umgangsformen, was jedoch den Zweitschlüssel anbetrifft, hat er möglicherweise recht ...! Wissen Sie was, Kollege? Wir hörten zusammen ein Klirren im Obergemach!

Speisemeister Was für ein Klirren ...?

Leibarzt Ein Stück von Ihrem moabitischen Heimatservice ist zerbrochen!

Speisemeister	Dann ist es als Speisemeister meine Pflicht, dem Inspektor den Zweitschlüssel auszuhändigen.
Leibarzt	Wer spricht denn von Aushändigen? Sie öffnen dem Inspektor ein klein wenig die Tür! Das ist alles, Kollege!

Der Leibarzt wendet sich ans Hauspersonal.

Leibarzt	Platz dem Speisemeister ...!
Hauspersonal	(gleichzeitig, ehrfürchtig) Platz dem Speisemeister!

Wieder öffnet das Hauspersonal eine Gasse, damit der Speisemeister seinen Zweitschlüssel holen kann.

Inspektor	Sie sind ein geschickter Leibarzt! Alle Achtung! Haben Sie etwa auch eine Erklärung für das Verschließen dieser Tür?
Leibarzt	Majestät ist möglicherweise vom Thron getreten.
Inspektor	Vom Thron getreten? Wie soll man das verstehen?
Leibarzt	(Leise, da es in Moab nicht üblich ist darüber offen zu sprechen.) Ausgetreten ...! Beim täglichen Thronen in der Öffentlichkeit macht unserer Majestät hin und wieder das Gewicht zu schaffen. Majestät pflegt darum manchmal in seinem Obergemach heimlich ein klein wenig nachzuthronen.
Inspektor	Ein solches Leben ist sehr ungesund. Sie hätten Ihrer Majestät Bewegung verschreiben müssen, Leibarzt!
Leibarzt	Ist seit 18 Jahren geschehen, Inspektor! Aber ärztliche Verordnungen werden durch ständiges Wiederholen nicht eindrucksvoller! Und wenn es um das Wohl des moabitischen Volkes geht, kommt bei unserer Majestät der Kampf gegen die Fettleibigkeit an zweiter Stelle.
Zwischenruf	Platz dem Speisemeister ...!
Hauspersonal	(gleichzeitig, ehrfürchtig) Platz dem Speisemeister!

Das Hauspersonal öffnet dem Speisemeister eine Gasse, so daß er mit seinem Zweitschlüssel geradewegs die Tür zum Obergemach erreicht. Der Speisemeister hält dem Inspektor den Zweitschlüssel hin.

Speisemeister Der Zweitschlüssel, Inspektor!
Leibarzt Es gilt zu handeln!
Inspektor Öffnen Sie die Tür, Speisemeister!
Speisemeister Sie zwingen mich zu einer Tat, die ich nicht einmal im Traum vollzogen hätte! Nun wird sie mich vor aller Augen rechtfertigen oder ruinieren!

Der Leibarzt wendet sich an das Hauspersonal.

Leibarzt Ich darf jetzt meine moabitischen Freunde um Ruhe und Disziplin bitten!

Mit zitternden Händen versucht der Speisemeister die Tür zum Obergemach zu öffnen.

Speisemeister Meine Hand zittert, Inspektor!
Inspektor Braucht sie nicht.
Speisemeister Ich öffne.
Inspektor Bitte.

Ganz sachte öffnet sich die Tür zum Obergemach. Stille. Der Speisemeister wendet sich an den Inspektor.

Speisemeister Die Tat ist ausgeführt, Inspektor! Die Tür zum Obergemach offen!

Gemeinsam mit dem Leibarzt schiebt der Speisemeister die Tür zum Obergemach einen Spalt weit auf.

Leibarzt Wir dürfen Sie jetzt bitten, Inspektor, uns ins Obergemach voranzuschreiten ...!

Der Inspektor, gefolgt vom Leibarzt und dem Speisemeister, betritt langsam das königliche Obergemach.
Plötzlich bleiben sie stehen.

Leibarzt (entsetzt) Majestät ...!
Speisemeister Majestät ...?!

Im Hintergrund thront die Majestät regungslos am Boden. Sie ist außerordentlich dick. Stille.

Speisemeister Majestät thront, Inspektor ...!

Leibarzt ... unbeweglich am Boden ...!
Inspektor Zu spät.
Speisemeister Sie ... Sie sind ja tot, Majestät!

Der Inspektor begibt sich zur Leiche und sieht sich kurz um.

Inspektor Keine Spur von Gewalt.
Leibarzt Aber eine Leiche.
Speisemeister Und welch eine Leiche ...!
Leibarzt Alles konnte Majestät im Leben verheimlichen, nur die moabitische Küche nicht.

Der Leibarzt sieht am riesigen Bauch der Majestät eine Verletzung.

Leibarzt Inspektor ...!! Hier unter dem Mantel, Inspektor ...!
Inspektor Ein Dolch!

Der Dolch ist kaum sichtbar.

Speisemeister Ein Mord ...!
Leibarzt Und niemand ist Zeuge der Tat, als dieser stumme Bauch, der das Mordwerkzeug von allen Seiten umschließt.
Inspektor Wurde der Tributmeister Ehud vor seinem Dienst am Wort nicht nach Waffen untersucht?
Leibarzt Alle werden nach Waffen untersucht! Routinemäßig, Inspektor!
Inspektor Routinemäßig ...!
Leibarzt Nehmen Sie Ihre rechte Hand, Inspektor ... Jetzt greifen Sie hinüber zur linken Hüfte ... und zücken den Dolch!
Inspektor Ich habe keinen Dolch.
Leibarzt Angenommen, Inspektor! Wo hätten Sie dann Ihren Dolch versteckt ...?

Der Inspektor deutet auf die entsprechende Stelle.

Inspektor Hier! Auf der linken Seite.
Leibarzt Sehen Sie! Dort wurde mit Sicherheit auch der Tributmeister Ehud nach Waffen untersucht. Die Leibwache unserer Majestät duldet keine Ausnahmen!

Inspektor Und sie hat nichts Auffälliges bemerkt?
Leibarzt Offensichtlich nicht!
Speisemeister Offensichtlich nicht!

Der Inspektor versucht die Situation noch einmal zu überdenken.

Inspektor (zu sich) Die rechte Hand greift hinüber zur linken Hüfte ... Merkwürdig ... (zu den andern beiden) Wie brachte Tributmeister Ehud den Dolch in diesen Raum ...?
Speisemeister Tributmeister Ehud ist ein hebräisches Phänomen, Inspektor!
Leibarzt Er schafft alles mit der linken Hand!
Inspektor Wie ...? Mit der linken Hand ...?

Plötzlich beginnt der Inspektor die Situation zu durchschauen.

Inspektor Moment ...! Sie wissen das genau ...?
Leibarzt Was?
Speisemeister Was?
Inspektor Tributmeister Ehud schafft alles mit der linken Hand?
Leibarzt Jawohl, Inspektor! Sehr genau!
Inspektor Und meinen es wörtlich?
Leibarzt Jawohl, Inspektor! Wortwörtlich!
Inspektor Dann kommen Sie, meine Herren!
Speisemeister Wohin, Inspektor?
Inspektor Zur Leibwache!
Speisemeister Sie haben eine Erklärung ...?
Leibarzt ... weshalb der Dolch unentdeckt blieb ...?

Der Inspektor begibt sich zur Tür und verläßt das Obergemach.

Inspektor Und Sie, verehrte Zuschauer? Ahnen auch Sie meinen Verdacht?

Der Speisemeister und der Inspektor sind beim folgenden Telefongespräch wieder gleichzeitig zu sehen.

Speisemeister Sie haben die Leibwache gesprochen, Inspektor?
Inspektor Soeben.
Speisemeister Hat sie den Tributmeister Ehud nach Waffen untersucht?

Inspektor	Wie immer.
Speisemeister	Und Ihr Verdacht, Inspektor? Hat er sich bestätigt?
Inspektor	Vollauf.

Quizfrage	*Wie brachte der Tributmeister Ehud den Dolch in das königliche Gemach?*
Bibelstelle	*Richter 3, 15—26*

Wilfried Wiegand
In seiner Spur

30 Porträts von Nachfolgern Jesu
128 Seiten, Paperback
ABCteam-Werkbuch Bd. 840

Knapp und doch umfassend berichtet der Autor, wie Christen berufen werden, ihren Weg gehen und den nachkommenden Generationen Zeichen setzen. Fast ein Drittel der beschriebenen Persönlichkeiten sind Frauen. Der Autor hat seine Gestalten nicht nach ihrer äußeren kirchengeschichtlichen Wirkung ausgesucht. Es geht ihm vielmehr um Männer und Frauen, die sich in unbeachteter Treue geopfert haben. Um solche, die oft eine nach außen unauffällige, im Raum der Kirche aber fruchtbare Wirkung ausgeübt haben — weit bis in unsere Zeit hinein. Es geht ihm um die, denen das Evangelium über allem Erfolg steht, die ohne Murren das Martyrium auf sich nehmen, wenn es von ihnen verlangt wird.

Diese christlichen Lebensbilder sind kein lautes Loblied auf das, was Menschen zu tun in der Lage sind, keine Legendensammlung über Glaubenshelden oder „große Männer und Frauen" der Kirchengeschichte. Es ist vielmehr ein Buch, das in aller Sachlichkeit auf den hinweist, der hinter allem Geschehen und über allem menschlichen Handeln steht und ermutigt, in seiner Spur zu gehen.

AUSSAAT VERLAG · WUPPERTAL

Helmut Ludwig

Licht und Schatten = Leben

Kurzgeschichten zum Vorlesen

104 Seiten, Paperback, ABCteam-Werkbuch Bd. 844

Eine Sammlung von Kurzgeschichten zu aktuellen Themen: Schuld und Vergebung, Armut und Wohlstandsverwahrlosung, Leid und Krankheit. Diese Geschichten verschweigen nichts, sie spiegeln die Realität wider. Und doch bricht hier die Hoffnung durch, die durch den Glauben von Christen in die Welt getragen wird. Jeder Geschichte ist ein Vorspann beigefügt, der stichwortartig über Thema, Inhalt, Vorlesedauer, Diskussionsimpulse und Ziel informiert. Weiter sind den Geschichten Texte für Bibelarbeiten zugeordnet.

Helmut Ludwig

Leben = Lieben und Leiden

Grenzfälle im Alltag. Ein Vorlesebuch

128 Seiten, Paperback, ABCteam-Werkbuch Bd. 836

Eine Sammlung von 20 realistischen Geschichten, die von Leid und Liebe, Verzweiflung und Vertrauen, Haß und Hoffnung berichten. Der Mitarbeiter und Jugendgruppenleiter in der Gemeinde kann, um ein Problem unserer Gesellschaft zu verdeutlichen, eine Geschichte vorlesen. Ein Vorspann, der über Thema, Vorlesedauer und Inhalt informiert, Fragen und Diskussionsimpulse aufwirft und eine Auswahl an Bibelstellen zum Thema anbietet, hilft bei der Vorbereitung. Auch den einzelnen Leser werden die Geschichten zum Nachdenken anregen.

AUSSAAT VERLAG · WUPPERTAL